Mererid Hopwood, Tudur Dylan Jones, 2019
© Dyluniad: Canolfan Peniarth,
gol Cymru Y Drindod Dewi Sant, 2019

Golygwyd gan Anwen Pierce.

Lluniau: © Shutterstock.

Diolch i Amgueddfa ac Oriel Gelf Castell Cyfarthfa, Merthyr Tudful, ac i Mr Dewi Bowen am eu cymorth parod a'u cefnogaeth gyda datblygiad y llyfr hwn.
Y tu mewn i felin cylchdroi Cyfarthfa, gwaith Penry Williams (tud. 2), a'r portread o William Crawshay (tud.4) © Amgueddfa ac Oriel Gelf Castell Cyfarthfa, Merthyr Tudful.
Darluniadau tud. 6-7 © Dewi Bowen.

Cyhoeddwyd yn 2019 gan Ganolfan Peniarth, Prifysgol Cymru Y Drindod Dewi Sant.

Mae Prifysgol Cymru Y Drindod Dewi Sant yn datgan ei hawl moesol dan Ddeddf Hawlfraint, Dyluniadau a Phatentau 1988 i gael ei hadnabod fel awdur a dylunydd y gwaith yn ôl eu trefn.

Nodyn i'r athro

Beth yw Darllen Cilyddol neu Ddarllen Tîm?

Strategaeth i wella dealltwriaeth o ddarllen yw Darllen Cilyddol neu Ddarllen Tîm

- Mae'n arfogi dysgwyr gyda'r sgiliau angenrheidiol i hunanwella eu dealltwriaeth o destunau anghyfarwydd.

- Mae'n defnyddio natur gymdeithasol dysgu o fewn grŵp a gweithio fel tîm i gadarnhau hunanddealltwriaeth a dealltwriaeth eraill o'r testun.

- Bydd y dysgwyr yn gweithio fel tîm i ymarfer sgiliau cipddarllen a llithrddarllen, cwestiynu a hunanholi, gwneud casgliadau, a phennu pwysigrwydd yr wybodaeth.

- Byddant yn mabwysiadu rôl benodol o fewn y tîm a fydd yn hyrwyddo'r sgiliau uchod yn systematig. Mae 5 rôl o fewn y tîm: **Rhagfynegwr, Esboniwr, Cwestiynwr, Crynhowr, Arweinydd** (i lywio'r drafodaeth).

Cynnwys llyfrau Cyfres Cnoi Cil

- Mae'r 5 cerdyn yn egluro gofynion pob rôl ac yn enghreifftio'r math o iaith y dylid ei defnyddio wrth drafod gyda'r tîm a chyflawni'r rôl honno.

- Mae pob llyfr wedi ei rannu i bum thema, gyda thestun y themâu yn ymestyn dros ddwy dudalen. Gall pob thema fod yn destun un wers neu'n weithgaredd darllen wythnosol.

- Bydd eicon pob rôl yn ymddangos mewn man penodol o fewn y thema i ddynodi ble gellir annog trafodaeth i hyrwyddo'r sgiliau perthnasol.

Sut mae defnyddio'r pecyn a gweithredu'r strategaeth yn y dosbarth?

Gweithredir Darllen Cilyddol neu Ddarllen Tîm i greu system benodol i'r dull darllen dan arweiniad

- Efallai bydd angen ymarfer y sgiliau a'r strategaethau sy'n cael eu hyrwyddo drwy'r rolau mewn sesiynau dyddiol yn gyntaf, cyn ymgymryd â'r gwaith o ddarllen y llyfr.

- Pan mae'r dysgwyr yn deall y strategaethau, dewiswch y tîm a phennwch Rhagfynegwr, Esboniwr, Cwestiynwr a Chrynhowr. (Yr athro fydd yr Arweinydd wrth i'r drefn gael ei sefydlu yn yr ysgol. Fodd bynnag, wrth i'r dysgwyr ymgyfarwyddo ac aeddfedu gellir pennu dysgwr yn Arweinydd).

- Trafodwch yn gryno beth yw gofynion pob rôl gan egluro y bydd pawb yn cymryd rhan yn y drafodaeth wedi i ddeilydd y rôl gychwyn y drafodaeth. Esboniwch mai tîm ydy'r grŵp, ac mai cyfrifoldeb pob aelod ohono yw sicrhau ei fod ef ei hunan, yn ogystal ag aelodau eraill o'r tîm, yn deall y testun.

- Gall pob aelod ddarllen rhan o'r testun yn ei dro tra mae'r gweddill yn ei ddilyn. Dylid pwyllo ac annog trafodaeth pan welwch eicon y Rhagfynegwr, Esboniwr, Cwestiynwr, neu Grynhowr yn ymddangos ar y dudalen.

- Gall yr arweinydd sbarduno trafodaeth ehangach gan annog defnydd o sgiliau cymharu, aralleirio, creu delweddau, cydymdeimlo, gwneud cysylltiadau a chymharu gyda thestunau eraill pan fo hynny'n briodol.

- Mae cyfle ar ddiwedd y llyfr i annog dysgwyr i ymarfer eu sgiliau siarad a gwrando drwy "Dweud dy ddweud" a dwyn i gof rai o'r ffeithiau maent wedi eu dysgu ar ôl ei ddarllen.

Cynnwys

Y Chwyldro Diwydiannol

Twf y diwydiannau trwm

Wrth i mi edrych ar y cliwiau, rydw i'n meddwl bydd y testun yn sôn am...

Beth yw ystyr y gair 'chwyldro'?
Ystyr y gair 'chwyldro' yw newid mawr.

Beth yw ystyr y gair 'diwydiannol'?
Mae'n ansoddair sy'n disgrifio rhyw waith arbennig e.e. gwaith glo, gwneud ceir, gwaith dur, amaethyddiaeth.

Yn ystod y 19eg ganrif, digwyddodd rhywbeth a oedd yn mynd i newid Cymru am byth. Roedd hi'n gyfnod y Chwyldro Diwydiannol ac roedd y galw cynyddol am ddeunyddiau crai yn golygu bod angen llawer o weithwyr. Roedd miloedd yn tyrru i gael gwaith ym mhyllau glo, gwaith haearn a gwaith dur Cymru.

Cyn hyn, doedd bron dim newid wedi bod yn nhirwedd Cymru ers i bobl ddechrau ffermio yma. Mewn amser cymharol fyr, dechreuodd pobl ddarganfod ffyrdd newydd o wneud pethau, gan olygu bod angen i lawer o bobl ddod i mewn i'r wlad i weithio. Gadawodd llawer o Gymry eu gwaith fel gweision ffermydd i geisio cyflog yn y gweithfeydd trwm. Un o'r llefydd a dyfodd fwyaf yn ystod y cyfnod hwn oedd Merthyr Tudful. Roedd gan Merthyr boblogaeth o 8,000 erbyn dechrau'r 19eg ganrif.

Oes yna eiriau dieithr i chi neu oes yna ran sy'n ddryslyd?

Colli gwaith

Oes gan unrhyw un gwestiwn am yr hyn rydych wedi ei ddarllen?

Mewn rhai o'r gweithfeydd newydd hyn, roedd y perchnogion yn dod yn bobl gyfoethog iawn. Yn aml iawn doedden nhw ddim yn talu cyflog teg i'r gweithwyr, ac felly roedd anghytuno mawr yn digwydd. Weithiau byddai'r anghytuno hwn yn troi'n ymladd ffyrnig. Wrth i'r diwydiant dyfu mor gyflym daeth problem diffyg tai a glanweithdra, ac roedd afiechydon fel colera yn gyffredin iawn. Yn anffodus erbyn 1830 roedd y galw am weithwyr wedi lleihau a chollodd miloedd eu gwaith. Roeddent yn dioddef tlodi mawr a dechreuodd rhai wrthryfela yn erbyn y drefn.

Oes yna eiriau dieithr i chi neu oes yna ran sy'n ddryslyd?

Gwrthdaro rhwng perchnogion a gweithwyr

Unodd y gweithwyr a threfnwyd rali fawr ym Mehefin 1831. Trodd y rali yn wrthryfel mawr. Anfonwyd milwyr yno i geisio tawelu'r gweithwyr ond parodd yr helynt am wythnos gyfan.

Pwy ydych chi'n meddwl oedd yn iawn? Pam?

Lladdwyd dros ddwsin o weithwyr yn yr helynt mwyaf a ddigwyddodd tu allan i Westy'r Castell yng nghanol Merthyr Tudful. Mae hanes am ŵr ifanc a gafodd fai ar gam yno wedi dod yn hanes adnabyddus iawn erbyn hyn.

Defnyddiwch eich sgil o lithrddarllen i ddod o hyd i...

Erbyn hyn rydym yn gwybod bod...

Merthyr Tudful

Wrth i mi edrych ar y cliwiau, rydw i'n meddwl bydd y testun yn sôn am...

Cefndir

Bron i ddau gan mlynedd yn ôl roedd Merthyr Tudful yn dref brysur iawn. Roedd llawer o waith wedi dechrau yno, gwaith haearn yn arbennig. Ond cyn hyn, roedd y dyffryn yn llawn ffermydd, a dim ond caeau gwyrdd i'w gweld ym mhob man. Roedd glo wedi cael ei ddarganfod yn yr ardal tua hanner can mlynedd ynghynt, a newidiodd yr ardal yn llwyr. Daeth miloedd yno i chwilio am waith dros y blynyddoedd.

William Crawshay

Dyn o'r enw William Crawshay oedd yn berchen y gwaith haearn a'r gweithiau glo, ac roedd yn trin ei weithwyr yn wael. Penderfynodd y byddai'n talu llai i'r gweithwyr am ddiwrnod o waith, ac felly dechreuodd y gweithwyr brotestio. Erbyn mis Mai 1831, roedd y gweithwyr yn protestio ar hyd strydoedd Merthyr, a lledodd y protestio i bentrefi cyfagos hefyd.

Oes yna eiriau dieithr i chi neu oes yna ran sy'n ddryslyd?

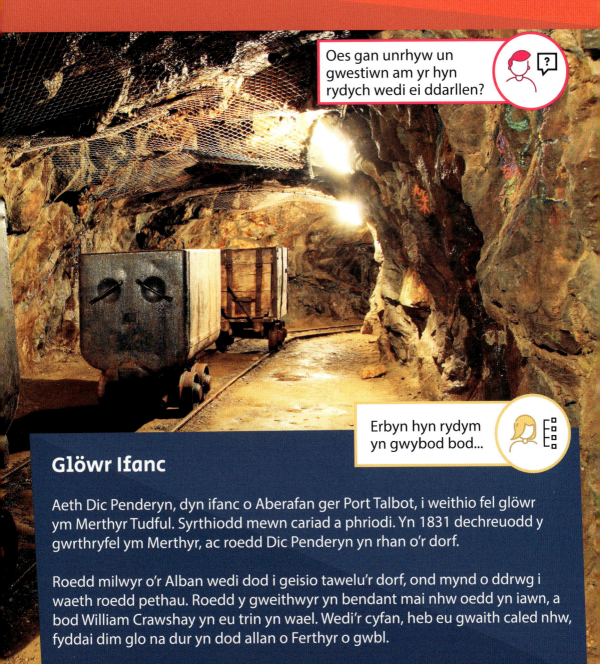

Oes gan unrhyw un gwestiwn am yr hyn rydych wedi ei ddarllen?

Erbyn hyn rydym yn gwybod bod...

Glöwr Ifanc

Aeth Dic Penderyn, dyn ifanc o Aberafan ger Port Talbot, i weithio fel glöwr ym Merthyr Tudful. Syrthiodd mewn cariad a phriodi. Yn 1831 dechreuodd y gwrthryfel ym Merthyr, ac roedd Dic Penderyn yn rhan o'r dorf.

Roedd milwyr o'r Alban wedi dod i geisio tawelu'r dorf, ond mynd o ddrwg i waeth roedd pethau. Roedd y gweithwyr yn bendant mai nhw oedd yn iawn, a bod William Crawshay yn eu trin yn wael. Wedi'r cyfan, heb eu gwaith caled nhw, fyddai dim glo na dur yn dod allan o Ferthyr o gwbl.

Defnyddiwch eich sgil o lithrddarllen i ddod o hyd i...

Wrth i mi edrych ar y cliwiau, rydw i'n meddwl bydd y testun yn sôn am...

Trywanu Donald Black

Yng nghanol Merthyr Tudful, mae gwesty mawr o'r enw Gwesty'r Castell. Os ewch chi i Ferthyr heddiw, gallwch ei weld achos mae'r adeilad yn dal ar ei draed wedi'r holl flynyddoedd.

Heddiw, gallwch gerdded heibio i'r adeilad, a mwynhau tawelwch y strydoedd. Ond 'nôl ar Fehefin 2il, 1831 roedd cythrwfl mawr ar hyd y lle, a'r sgwâr yn llawn milwyr a phrotestwyr. Roedd rhai o'r milwyr y tu mewn i'r gwesty, ac yn anelu eu gynnau at y protestwyr. Yn sydyn, dyma un o'r milwyr yn cael ei drywanu. Donald Black oedd enw'r milwr, ac er na chafodd ei ladd, roedd wedi dioddef anafiadau mawr.

Beth yw ystyr cythrwfl, trywanu, anafiadau?

Oes yna eiriau dieithr i chi neu oes yna ran sy'n ddryslyd?

Oes gan unrhyw un gwestiwn am yr hyn rydych wedi ei ddarllen?

Diwedd Dic Penderyn

Yn fuan wedi'r digwyddiad, cafodd Dic Penderyn ei arestio gan yr heddlu. Er nad oedd Donald Black yn gallu ei adnabod fel yr un oedd wedi ei drywanu, cafwyd Dic Penderyn yn euog a'i garcharu yng Nghaerdydd.

Cafodd ei roi ar brawf a'i gael yn euog. Cychwynnwyd ymgyrch i achub bywyd y gŵr ifanc 23 oed a llofnododd 11,000 o bobl ddeiseb i'w gefnogi. Ond er yr holl ymdrechion, ar Awst 13eg 1831, crogwyd Dic Penderyn a bu farw. Wrth iddo gael ei grogi, ei eiriau olaf oedd, 'O! Arglwydd, dyma gamwedd!'

Mae rhai haneswyr yn credu ei fod wedi cael ei grogi am fod yr awdurdodau eisiau gwneud esiampl ohono a dysgu gwers i eraill rhag codi cythrwfl.

Beth ydych chi'n meddwl yw ystyr y gair camwedd?

Amser i feddwl

Allwch chi feddwl am enghreifftiau eraill o gamwedd? Ydych chi wedi gweld camwedd erioed? Trafodwch gyda'r tîm.

Erbyn hyn rydym yn gwybod bod...

Defnyddiwch eich sgil o lithrddarllen i ddod o hyd i...

Carcharu Eraill

Wrth i mi edrych ar y cliwiau, rydw i'n meddwl bydd y testun yn sôn am...

Allwch chi gysylltu'r hanes yn y blychau gyda'r llefydd iawn ar y map?

Cymru

Unol Daleithiau America

Carchar Caerdydd

Nid oes unrhyw ddarn i'w weld o hen garchar Caerdydd erbyn hyn. Mae carchar newydd wedi'i godi yn ei le tua milltir i ffwrdd, lle mae drwgweithredwyr yn cael eu cadw. Ond gallwch weld y safle lle safai'r hen garchar.

Erbyn heddiw, marchnad sydd yno, ac mae miloedd o bobl yn siopa yno bob dydd. Ond, mae'n debyg nad ydy pob un ohonyn nhw'n sylweddoli hanes y lle. Yn nrws yr hen garchar, lle mae porth y farchnad heddiw, roedd crocbren fawr yn sefyll. Ar y grocbren hon y crogwyd Dic Penderyn.

Oes yna eiriau dieithr i chi neu oes yna ran sy'n ddryslyd?

Lewsyn yr Heliwr

Oes gan unrhyw un gwestiwn am yr hyn rydych wedi ei ddarllen?

Lewsyn oedd un o arweinwyr y protestwyr. Roedd yn perthyn i Dic Penderyn. Cafwyd y ddau yn euog o arwain y protestwyr.

Ond yn wahanol i Dic Penderyn, doedd Lewsyn ddim wedi cael ei ddedfrydu i farwolaeth. Yn lle hynny, cafodd ei anfon i Awstralia, ac mae'n debyg na chafodd erioed ddod yn ôl i Gymru.

Ianto Parker

Bedwar deg o flynyddoedd ar ôl i Dic Penderyn gael ei ladd am drywanu Donald Black, cyfaddefodd dyn o'r enw Ianto Parker mai ef oedd wedi trywanu'r milwr.

Roedd Ianto Parker wedi ymfudo i Bennsylvania, America, rhag ofn iddo gael ei ddal a'i ddienyddio am y drosedd.

Pe byddai Ianto Parker wedi dweud y gwir yr holl flynyddoedd yn ôl, mae'n debyg y byddai Dic Penderyn wedi cael byw yn hapus.

Erbyn hyn rydym yn gwybod bod...

Awstralia

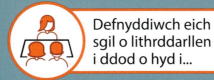

Defnyddiwch eich sgil o lithrddarllen i ddod o hyd i...

Claddu Dic Penderyn

Wrth i mi edrych ar y cliwiau, rydw i'n meddwl bydd y testun yn sôn am...

Port Talbot

Oes yna eiriau dieithr i chi neu oes yna ran sy'n ddryslyd?

Yn ne Cymru mae lle o'r enw Port Talbot. Mae oddeutu 37,000 o bobl yn byw yno yn ôl cyfrifiad 2011. Mae Port Talbot yn enwog am y gwaith dur sydd yno. Mae simneiau uchel yn gollwng mwg a thân, a gallwch weld y gweithfeydd o filltiroedd i ffwrdd.

Mae'r gwaith dur yn un o'r rhai mwyaf yn y byd ac mae'n gyflogwr pwysig iawn i'r ardal. Mae bygythiad parhaus fod y gwaith hwn yn cau ac y bydd yr holl weithwyr yno yn colli eu gwaith. Erbyn hyn mae gwlad fel China yn gallu cynhyrchu ac allforio dur yn rhad ac yn gystadleuaeth fawr i'r gwaith dur yma yng Nghymru.

Oes gan unrhyw un gwestiwn am yr hyn rydych wedi ei ddarllen?

Bedd Dic Penderyn

Ond mae rhywbeth arall arbennig am ardal Port Talbot. Os ewch chi i gyfeiriad Port Talbot heddiw, yn ogystal â gweld y simneiau uchel yn gollwng mwg a thân, gallwch weld tŵr uchel Eglwys y Santes Fair, yn nhref Aberafan. Yn agos i ddrws yr eglwys mae bedd dyn ifanc o'r enw Richard Lewis. Does dim llawer o bobl wedi clywed amdano wrth ei enw iawn, ond mae ei ffugenw yn enwog drwy Gymru: Dic Penderyn.

Erbyn hyn rydym yn gwybod bod...

Aberafan

Saif tref Aberafan wrth geg afon Afan. Tref ar lan y môr yw hi ac mae yno draeth o dywod melyn bendigedig yn ymestyn am dair milltir. Daeth yn enwog yn chwedegau'r ganrif ddiwethaf fel cartref i Lido Afan. Roedd pobl yr ardal yn nofio ym Mhwll Nofio'r Lido a chafodd sawl cyngerdd gan sêr y byd pop eu cynnal yno.

Defnyddiwch eich sgil o lithrddarllen i ddod o hyd i...

11

Dweud dy Ddweud!

Beth wyt ti'n ei wybod am y canlynol?

Y Chwyldro Diwydiannol

Colli gwaith

William Crawshay

Dic Penderyn

Gwrthryfel Merthyr 1831

Diwedd Dic Penderyn

Camwedd

Ianto Parker

Port Talbot

Geirfa

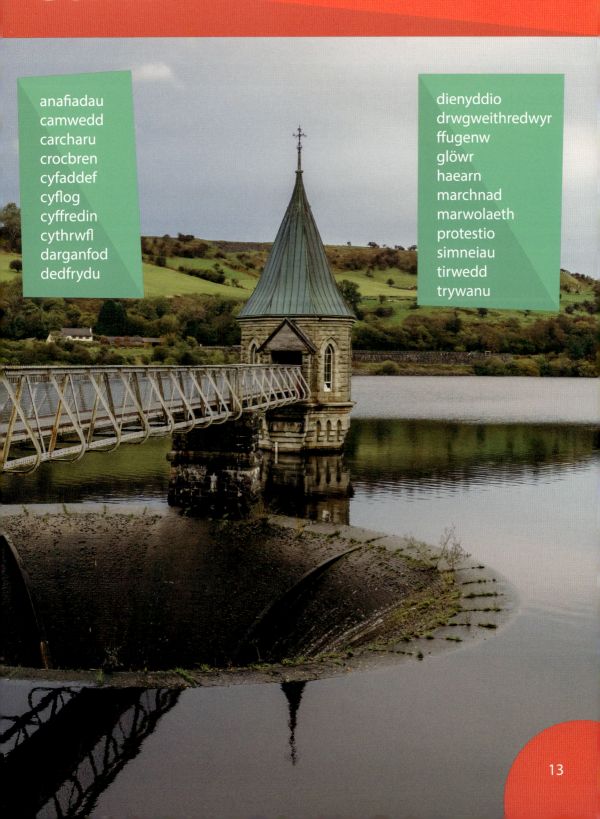

anafiadau
camwedd
carcharu
crocbren
cyfaddef
cyflog
cyffredin
cythrwfl
darganfod
dedfrydu

dienyddio
drwgweithredwyr
ffugenw
glöwr
haearn
marchnad
marwolaeth
protestio
simneiau
tirwedd
trywanu

Hefyd yn y gyfres ...

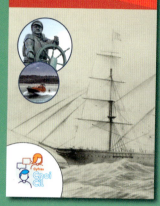

Y Royal Charter

Gafaelwch yn dynn!

Roedd Hydref 26ain yn ddiwrnod a newidiodd bentref bach Moelfre am byth. Tybed a wyddoch chi am hanes y llong stêm a aeth i drafferthion mewn storm fawr oddi ar arfordir gogledd Ynys Môn? Beth oedd y cargo? Sut gafodd y trigolion lleol eu trin gan newyddiadurwyr Llundain? Beth oedd rhan Charles Dickens yn y stori? Cewch atebion i'r cwestiynau yma a mwy wrth ddarllen a thrafod y llyfr hwn.

Paul Robeson

A oes tegwch?

Roedd Eisteddfod y Glowyr 1957 yn ddigwyddiad cyffrous iawn yn hanes tref glan môr boblogaidd Porthcawl. Tybed a wyddoch chi am hanes canwr, actor ac athletwr enwog iawn o America oedd fod i ganu yno? Beth oedd cefndir y gŵr enwog hwn? A lwyddodd pobl Porthcawl i glywed llais rhyfeddol y canwr enwog? Cewch atebion i'r cwestiynau yma a mwy wrth ddarllen a thrafod y llyfr hwn.

Cymru a'r Bêl Gron

C'mon Cymru!

Roedd haf 2016 yn gyfnod cyffrous iawn yn hanes ein tîm pêl-droed cenedlaethol. Tybed a wyddoch chi am hanes y gêm, rhai o'r chwaraewyr disgleiriaf a phwy sefydlodd y Gymdeithas Bêl-droed yng Nghymru? Cewch atebion i'r cwestiynau yma a mwy wrth ddarllen a thrafod y llyfr hwn.

Gwlad! Gwlad!

'Gwlad! Gwlad! Pleidiol wyf i'm gwlad ...'
Mae cannoedd ar filoedd o Gymry'n gwybod y geiriau hyn. Maen nhw'n rhan o'n hanthem genedlaethol ni. Ond faint ohonon ni sy'n gwybod hanes creu'r anthem?
Mae'r anthem yn sôn am 'enwogion o fri', ac yn sicr, mae Cymru wedi cynhyrchu llawer o bobl enwog iawn.
Drwy ddarllen y llyfr hwn cewch ddod i wybod mwy am gân sy'n bwysig iawn i ni fel Cymry.

Pleidiol Wyf I'm Gwlad

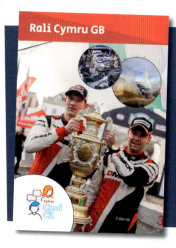
Rali Cymru GB

Taniwch yr injan!

Mae Rali Cymru-GB yn ddigwyddiad rhyngwladol sy'n mynd â'r gyrwyr enwocaf yn y byd drwy goedwigoedd Eryri, Sir Ddinbych a chanolbarth Cymru. Tybed a wyddoch chi am hanes y rali? Pa geir a ddefnyddir? Pwy sy'n cystadlu? Cewch atebion i'r cwestiynau yma a mwy wrth ddarllen a thrafod y llyfr hwn.